肉肉熊的答案書

人生難題的100個答案

JOHN HO.

我們的人生，都由選擇組成。

人對未知抱着恐懼，人面對選擇也永遠有困難，凡事總有好處壞處，害怕做了錯的決定；永遠迷惘地尋夢還是選擇穩定生活；小如吃快餐還是上酒樓等等等等⋯⋯我們總是想有另一把聲音告訴我們該怎麼辦。

《肉肉熊的答案書》就是給你提示，奇妙地讓你的難題找到答案。

雖每個問題也沒有一定答案，但我們相信緣份安排。

打開一頁，引導你內心的選擇，或者答案早已在你心中。

JOHN HO.

使用方法

1. 遇上抉擇的時候,心中唸着你想知道答案的問題。

2. 心無雜念,可用你的不同方式打開此書其中一頁。

3. 頁面上最大的字,就是你的答案。(雖不直接,請加以想像,自行解讀。)

4. 再看看大字下方的詳細解釋,會對你要走的方向有所幫助。

目錄

陽光普照

SUNSHINE

先讓自己的心發亮，全世界也因此發亮。

你的心如何，世界便如何。

你的心開朗，世界也自然開朗；

若你的世界灰灰的，就要自己調節一下光暗。

認命

ACCEPT YOUR FATE

聽說，早在你未出世前，你已選好今生要體驗什麼。

你選好了你的靈魂，出發來到這世界。來，總有其原因，

你就向本身的使命進發。早就選好自己的性格、成就。

貪窮、富貴也是你想體驗的過程。別抱怨人的高低，劇本早就寫好了。

嚴重事故

A SERIOUS ACCIDENT

每個小問題不解決，日積月累，
小塵埃都會變成威力無邊的大核彈。

不過請注意解決方法，別太刻意用力每天打掃，免得自己或別人的心變得勞累。

心靜自然涼

A CALM HEART KEEPS YOU COOL

從容看待生活的高低不平，心靜如水，才能活得輕鬆。

曾以為是夏天時老師想孩子靜靜站好的一句騙人話語；

長大才明白，凡事要隨緣、看淡得失，少點抱怨。

心寧靜了，人才會感到舒暢。

問心

ASK YOUR HEART

聽心底裡對你說的真心那句，才對得起別人，對得起自己良心。

老是認同別人的說話，為了避免衝突或期望得到某些利益，甚至裝成另一個人，

其實你在傷害他。很多人最討厭聽別人的假話，你可以選擇不說

（如果可以，我甚至建議不如不見，不要把自己當作陪襯）。

迎合壞品味、落入庸俗，只會漸漸導致自己形象差劣，更甚變得心理變態。

疲勞

TIREDNESS

「你仰望到太高，貶低的只有自己。」 *

如目標背離自己的心愈來愈遠，努力追逐，只會無休止疲累；

走得愈遠，愈容易忘記自己。

*節錄自《給自己的情書》，主唱王菲，填詞林夕。

濕滯

FALL ON EVIL DAYS

**即使遇着失敗，每天也會給你「明天」這份小禮物，
用它來重新開始。**

這詞源自中醫。潮濕氣候，導致消化不良，就是「滯」；

解作麻煩、倒霉、不順利。

先把煩惱放下，時間定是有效的藥材。

等死

WAITING FOR DEATH

來到世界，我們也不知為什麼。

（無端端）

出世>返學>做功課考試讀不入腦也要讀>做暑期工好辛苦>返工又好辛苦>等放工>
等放假>等有男／女朋友>寂寞孤獨>社會變化又無力改變>子女出生又沒了自由>
子女長大又反叛>結婚又想離婚>退休又窮又悶>老>病>還有夢想沒達成>死>解脫

幸福

BLESSEDNESS

幸福是空氣，看不見，你刻意呼吸，就能擁有。

有時你感到幸福，不是你擁有多少，而是沒計較缺乏多少。

知 足

CONTENTMENT

「從無求，到渴求，直到渴求整個宇宙。」*

目標沒完沒了，一個達成了又開始想另一個，

買了焗爐，又想看看那個空氣炸鍋；有一萬個追隨者，又擔心有沒有十萬。

沒有饜足，我們只想不斷追求，所以不能永遠處於幸福狀態，

唯有去好好享受當下尋求的過程。

*節錄自《幸福之歌》，主唱、填詞Supper Moment。

徒勞無功

TO WORK TO NO AVAIL

自覺做到一百分了，其實沒什麼意思。

別看輕別人對你的批評，想想為什麼美中不足；

又或者為何別人成功，自己還是差一點，總有它的問題存在。

如努力去做什麼事，但也感到毫無意義，當中總有地方出錯了；

那定是自己能力未夠，仍需進步。廚師自認為做到一百分，但別人吃了想吐也是沒用。

盡力

TRY YOUR BEST

結果怎樣也沒所謂，起碼嘗試過。還請你不要懶惰。

事事怕失敗，安於在溫室成長，強風來時怎生存？

生存要對得起自己，對得起父母給你的氣力，對得起流逝的光陰。

得失也好，也要好好體驗，多走出去看看外邊的世界吧。

暫時

TEMPORARY

**我們都知道，人生必經生老病死、人生很短暫、人生無常
這些道理，但我們總是會糾結小事情。**

我們赤裸裸地來到這世界，走時就變作灰塵，一切也只是暫時的過程。

忘記仇恨，往好處想，記點開心的事，

有時哄騙一下自己也不壞，日子會容易過一點。

顧及形象

CARE ABOUT YOUR IMAGE

別忘記你最珍貴的東西，就是你自己。
所以你需要用心好好打理。

與其覺得悉心打扮很表面、造作，不如想想給他人一個好印象也很重要，

對自己也能展示自信。凌亂、邋遢，甚至會影響個人信用。

勇敢

BE BRAVE

該拿出勇氣卻沒有拿，只能終生抱憾。

勇敢是公平、美德在經歷考驗時最逼真的一種表達方式。

無論面對任何未知的事情，我們都不應怕失敗而給自己種種藉口去逃避，

你會錯過很多重要的東西，最無奈是青春都錯過了。

色即是空

FORM IS EMPTINESS

人生，猶如一場電玩遊戲；你活着，世界因你而存在。

放下你的執念，因一切都是虛無的。

源自《般若波羅蜜多心經》經文：「色不異空，空不異色；色即是空，空即是色。」

色不是色情，佛教的教義是指萬事萬物，宇宙中的日月星辰到草木蟲魚，一切一切

都是色相，是萬物緣起的一種假象，本質皆是空的。

慢 慢

KEEP SLOWLY

「拋得開手裡玩具，先懂得好好進睡。」*

我們停一陣子吸收資訊，也好像浪費了時間；沒有手機的手，如蟻咬不自在。

接收太多，沒有時間把每件事情好好思考，也會令人心情煩躁。

走得太快，會錯過重要東西——如用心製作的料理，

對着電話、劇集，就沒法感受食物的味道。

接收太多（可能是虛假的）幸福，卻令人更感孤單。

多細味生活瑣碎日常，減少接收令人煩心的垃圾資訊。

*節錄自《給自己的情書》，主唱王菲，填詞林夕。

大丈夫

IT'S ALRIGHT / A STRONG PERSON

冬天很冷啊！沒所謂，春天會來，花始終照常盛開。

一年過去，春天百花盛開，是讚美你努力了一年的一份鼓勵，一份祝福。

縱使失敗，但必須努力堅持，不堅持定必失敗。

中文字意有很Man、很堅強的感覺，日本漢字的意思就是沒問題、沒關係。

你堅強，距離沒問題不遠啊。

煩惱

ANNOYANCE

不要糾結，努力尋找如何坦然拿起，然後再慢慢放下。

煩躁、憂鬱、焦慮、不安、嫉妒、期待、憤怒、悲傷、麻木等，人間社會中，

被認為是「苦」的根源，皆為煩惱。

同一個世界，接收到煩惱或是快樂，取決於自己看法；

用一顆簡單的心看世界，不要自找煩惱。

反省

REFLECTION

明明同時入行，為何成就卻是天淵之別？

看似工作經驗豐富的你，重複齒輪式工作，沒有好好反思如何改進，就是原地踏步。

別人成功，必經不斷思考；你再努力，窮忙也是沒用。如要「明天會更好」，

必須由今天開始為做得更好思考。

LEARNING

當感到寂寞，請好好學習。

有些東西，花了人生的短短時間，卻一生受用。

年長了，才會熱衷於學習；畢業了，才發現學習不是為應付考試。

學習令生活充實，內心充實的人才不容易寂寞。

當生活停滯不前，偶爾給自己一些挑戰，也是不錯的事，會令人更期待明天。

有借有還

BORROW AND RETURN

覺得世界欠了你，不如自問借了什麼給它。

於現實社會，我們無條件不停索取想要的東西，

不如又想想我們如何「還債」，如何對世界做多點貢獻。

係愛啊

IT'S LOVE

別用你悲觀的眼睛看東西，凡事總能找到欣賞的角度。

「係愛啊哈利」，電影《哈利波特》中的一句對白。

無論與事情或人的相遇，一切也可以正面的態度去看待。

生命影響生命，我快樂，你也快樂；

發自內心做對的事情，不喜歡你的人只是誤解了你而已。

離離合合

MEETING AND PARTING

**人與人就像手機殼，一起再分開，
換了新一個，又一起再分開⋯⋯**

戀愛經驗少的人結婚更危險！他們從未嘗過人來人往，

二人關係保持到老了才醒覺：「我從沒試過跟其他人戀愛啊！（下刪三百字）」

然後遇到誘惑不知怎處理，一把年紀才有離婚的念頭。

反而多點經歷，才會學懂珍惜；又或者，覺得天下烏鴉⋯⋯

自愛

LOVE YOURSELF

世上沒有失去哪一個就不行，但失去了自己就不行。

失去了，請盡情哭一會；哭飽了，治好悲傷。

不要太傷心，請問問自己一個新的問題，翻開你新的一頁。

艱辛

HARDSHIPS

路上泥濘愈深愈厚，生命的痕跡才愈覺明顯。

過程也罷，失敗也罷，都是一場學習。

你背負的千斤重，別人眼中輕於鴻毛，再難也要自己承受。

生活本質就是許多磨練、曲折。

前方亂石滿佈、長滿野草，跨過了，你的快樂會更大。

清垃圾

EMPTY THE TRASH

「身是菩提樹，心如明鏡台，時時勤拂拭，勿使惹塵埃。」*

內心也要打掃，太多慾望會掀起更多塵埃，堆積着；愈追求不到，心便愈感煩亂。

心就似一塊鏡，沒有雜質才照得清楚；

心無煩擾，才能對眼前事物觀察得透徹明白。

*摘自和尚神秀的佛偈。

別等

DON'T WAIT

**常說「等我有天得閒，我便⋯⋯」，一等便等幾年，
或至今還未有空。**

時間要好好安排，要定下每件事的優先處理順序。

人是永遠不會有空閒的。時間如牙膏，要用力擠出來才會有。

前進

GO AHEAD

安全抵達，無風無浪，因為你成了知道自己方向的飛機師。

一架飛機建造好了，最重要的是知道目的地在哪裡；

我們都裝備得好好的了，但若沒有要前往的方向，怎完美也沒有用。

獎賞

REWARD

成功換取獎品，因為你那積分咭已儲得滿滿的了。

你苦心把每份憂鬱收進心扉，把經驗值偷偷儲起，

你隨時可以拿出來，兌換成一個強大的人。

嘗試

GIVE IT A TRY

即使失敗無數次，挑戰台一直等着你重新站起來。

常聽到「我這輩子都是這樣了……」「我改變不了……」

縱使成了「失敗者」，也不是完全不受尊敬，起碼他曾有勇氣去挑戰。

勝敗有時不重要，重要的是過後的回憶。

無論得失你也是贏了，贏了經驗、過程。

盡人事聽天命

MAN PROPOSES, GOD DISPOSES

**想做的事，自己盡了力，成功與否，
不是自己決定，由世界給你答案。**

有些事，自己控制不了，盡了力就好，

答案留給包圍着你的世界替你決定吧。或者答案早已寫在心上。

停一停

STOP

不要在走到盡頭的時候才回望，驚覺自己一直走錯。

無論任何人生階段，也可以停下來，想一想，

接下來這條路該往哪裡走，之後的目標如何。永遠未遲。

只怕生活讓你一直衝，卻沒做過心裡真正想做的事。

忘記

FORGET

跟過去說「拜拜」，還要說聲「感謝」。

放下不必要的行李，忘掉過去，回歸一無所有的自己；
包括過去的榮耀、美好，這些都阻礙你超越從前的成績。

友好

BE FRIENDLY

**回頭看，能記在人生事典上的，
都是一些人與人之間的快樂，而非物質。**

與身邊的人維持良好關係，與人有着不同的特別經歷，比賺很多錢重要得多。

幸福的感覺，是金錢買不到的。

笑吓啦

SMILE

愛笑的人，好事才會靠近他。

多點微笑就像儲印花，多做一些無傷大雅的動作，總會有多一點得益。

可以的話，先不要討厭別人，別人也不會無故討厭你。

小甜

A LITTLE BIT OF SWEETNESS

「若愛太苦要落糖。」＊

喝茶，茶葉放多少，自己去定，

茶葉太多太濃喝得不舒服；太艱難的事，倒不如笑着去面對，不要自找煩惱。

喝口熱淡茶，從容面對不如意的事，心頭添幾分安靜。

＊節錄自 *The Best Is Yet To Come*，主唱at17，填詞林一峰。

禍從口出

MISFORTUNE COMES FROM ONE'S MOUTH

「話到口邊留半句。」說話太直接，單刀直入，便會傷到別人。

生氣的時候不要做任何決定，可以試將攻擊別人的說話，精簡再精簡，找出重點，

理智面對一切，才不會把焦點模糊。遇事時請先檢視自己，

別一隻手指指別人，三隻手指指自己。

眾生皆苦

LIFE IS SUFFERING

世事看似如此苦，但有時幸福就站在糾結的對面。

人一出生便哭，讀書考試成績不好被罵，工作充滿壓力；

找不到伴侶苦，找到卻不適合也苦……

各有各的苦，別抱怨，沒有人比你好過。不要在意生活給你多少曲折，

走出自己的偏執吧！把過去、慾望、名利看淡一點，才能在這定律下取回一點幸福。

來了

EXISTENCE

**有些人來到你的生命中，給你一幀完美的風景照片，
你便抱着它，永遠永遠。**

他／她太漂亮，我們都知愈是漂亮的東西，愈會一瞬即逝。

有些人、有些事，在生命中不常常遇見，我們只能活一回，

就算快樂或哀愁也要好好保存，不要用力扼殺它。

感激

THANKFULNESS

試試說十次「多謝」，腦海會出現誰的面容？想起哪件事情？

大家在人間的旅途相遇，一起笑過、玩過、走過，

縱然哭過、鬧過，回憶起來，旅途也是精彩的。

感激旅途上遇見的人，對他們有多一點善意、多一點體諒，

彼此也多一點溫暖、美好。

精神啲

BE MORE ENERGETIC

根據俄國戲劇大師的講法：「由外到內，再到外。」

抖擻精神，先由自己的姿勢開始。

挺直腰，挺起胸膛，深深呼吸，自然會多感應世界，心情也舒暢起來。

少做低頭族，駝着背，幸福只會在兩肩之間慢慢溜走。

在一起

BEING TOGETHER

不太熱烈的愛情，才會長長久久。

兩個人要長久，必須在一起時感到舒服，沒有壓力；

對方必須支持、理解你想做的事。

你能自由去做想做的事，才不會討厭這段關係。

平淡是福，細水才會長流。

保持理智

KEEP CALM

有時你覺得自己喜歡，但其實心底裡根本不喜歡。

你以為好了解自己，其實自己最易誤解自己；真的愛他？還是當刻有點寂寞？

還是只憧憬結婚的美好？或只是不想把「我不愛他」說出口？

我們永遠與內心深處的思緒有點距離。

LOVE

活到幾多歲仍是那麼遲鈍，仍不懂得愛是什麼。

學懂愛，這個「學懂」，實在沒法證明你懂了什麼。

不過，當開始知道這六個字：「不要輕易放棄」，大概是懂的開始。

不在身邊時會想念，眼睛漸漸有點濕濕的，大概是「愛」的副作用吧。

幫手

BE HELPFUL

拯救別人，也是拯救自己。

若你滿懷煩惱，感到失去方向，甚至活在痛苦之中，嘗試幫助有困難的人，

對別人好一點，自己也能感受到愛。

把眼睛放在愛之中，內心有愛，定是獲得救贖的一個方法。

離群

OUTLIER

感謝你為「誓要打破舊有呆板生活方式協會」出一分力。

有些東西需要時間證明，你努力做自己認為對的事，要等待，
旁人未能立刻消化你的獨特想法，所以要堅持及做得更好，加油！

別衝動

DON'T BE SO IMPULSIVE

**「有時候你對他產生興趣，並不是因為出於了解，
相反的是，你對他一無所知。」***

未知的永遠是最美麗。心裡忐忑不安，原來這一刻是整個過程最開心的時間。

別衝動，享受這個想說又不說的時期，有時太接近又會發覺不是你所想像的美麗。

*摘自電影《以青春的名義》對白

想 念

MISSING

**時常夢見他／她。因他／她已住在你心內，
悶了便走到夢工場客串演出一下。**

盡快走出惱人的困局吧，外面陽光普照等着你。

我知道很難，慢慢開啟大門，它總會打開的，就可逃離那份醒來時的空虛感。

靠自己

ALL BY ONESELF

改變不了遊戲玩法，那就改變自己的預設，用智慧轉敗為勝。

你設定了自己是什麼，那結果就會是什麼。

上天不會特別眷顧你，靠自己吧。改變不了世界，只好改變自己心態。

美味

DELICIOUS

與喜歡的人吃飯，會令食物變得更加好吃。
（跟肚子餓時吃飯一樣）

不用華麗背景，不用高貴食材，好不好吃，只視乎你跟哪位享用，

甚至把普通食店都變得漂亮，鹹魚白菜快餐外賣也好好味。

埋堆

BLEND IN

有時跟大隊，竟然發現美好風景。

雖然真正強大的人，不用花心思去討好別人；

不過如果太高傲，把自己放在神台高處，

認為自有同一層次的朋友圈子，到頭來卻會感到孤獨。「無人理睬，如何求生。」*

不是要附和別人，而是要多點釋出友善。

*節錄自《任我行》，主唱陳奕迅，填詞林夕。

施比受更有福

IT IS MORE BLESSED TO GIVE THAN TO RECEIVE

嘗試付出多一點，把過去「受」過的情感，化作「施」的行動。

一直只向世界伸手要東西，自己不曾作出貢獻，這段人生實在沒有意思；

只關心自己的人，不會知道已把麻煩建築在別人身上。

說到要「為別人付出」有點沉重，可以由對自身以外的點點滴滴開始，

體貼待人，自己也會由此感到幸福。

離開

LEAVING

生活有很多可能，發揮創意，想想如何活得開心點。

世界錯誤地走動着，雖然已經很努力，生活還是令你有點沮喪。

離開你認為愚笨的人群，努力向活得更理想的地方進發。

勤力

WORK HARD

成功的人沒有懶惰的。

每天早點起床吧。成就有限,就要審視自己有否盡全力。

不過若你認為睡得多是你的人生目標,就別埋怨自己停滯不前。

想在社會有一點價值,必須有點犧牲。

是日休息

A DAY OFF

有時偷一下懶不是罪。

身體很多症狀也跟壓力有關，壓力導致我們的自律神經失調。

如考試前，因壓力太大而腹瀉；太緊張，手心冒汗、心跳變得奇怪等。

壓力太大，也「壓」出精神病來。

我們都要注意心的健康，用最舒服的方式減壓。

豁達

BE OPEN-MIND

表面看好像輸了，我贏了其他東西又要告訴你麼？

不要執着於勝利。學習不與他人比較。

對名利太上心，人便多了抱怨、生氣、計較；

日子本可好好過，卻活得滿是愁緒、煩躁。

就算輸了，仍能堅強，處之泰然，豁達活着，也是一個勝利的人。

是少了一點榮耀，其實沒失去什麼。

成功

SUCCESS

不是我吃不到葡萄，只是我的計算方法不同。

每人對成功的定義不同，有人取決於有多少財富，不過錢不一定買到幸福。

我取決於有多少人真正關心你和愛你，

視乎你有沒有活在愛的世界裡。

拒絕平庸

OUT OF THE ORDINARY

面對愚民當道，我們要劃清界線。

擠迫街道，吸煙者沒打算避免臭煙影響別人；

交通工具上，乘客不會隱藏手機發出的嘈吵噪音⋯⋯

我們的城市又臭又嘈又粗魯，不生氣很難做到，

只能拒絕成為我們眼中討厭的大人，用良知的眼看世界。

坦白

BE HONEST

曾經呆呆板板像一塊木，長大後變成生命一根刺。

喜歡便要說出來，不喜歡也要說出來。不表白後悔莫及。舉手發問吧！

（緬懷過去，淚！）

算吧

FORGET IT

我們都比較喜歡可愛的自己，可惜我們都回不去曾有過的美好。

青春逝去，不能重來了。不過試想一下，

如果給我重來的機會，我會先答你：「不用了，謝謝！」

活一次已經很累了。

醒吧

WAKE UP

**別糾纏那苦心經營但不討好的所謂堅持，
換一條路走可能得到的會更精彩。**

如果你把金錢、地位視為無物，你可以走你想走的路無妨；

但如果你想得到，又想一意孤行堅持走自己的路，實在萬中無一。

努力付出了，也視乎是否適當才有用。

先想好方向才努力前進，做什麼事的起點也是這樣。

有團火

PASSION

擁有自信及熱情的人，眼睛是與別不同的。

是鹹魚，還是活魚，視乎自己的心。

劇作家蕭伯納說過：「人生有兩個悲劇，一個是缺乏自信，另一個是失去熱情。」

擁有它們的人，眼睛是與別不同的；缺乏兩者，連夢想也失去。

你心中那條鹹魚其實沒有死，讓熱情變成陽光，把它曬成活魚吧。

保重

TAKE CARE

旅途中走得最快的，不是火車，是美好的時光。

「保重啊！」無論意思是，好好保護身體、注意健康；

或是聚會後的道別祝福語句，我想跟你說的是：

好好「保」住「重」要的東西，

保護錢包、保持快樂、保留青春……

抱 抱

A HUG

所有東西都不會有永久，在它失去前，只能擁抱。

抱抱你那喜愛的相簿，抱抱跟你出雙入對的手機，抱抱愛人，抱抱快樂的生活。

我們都知道，愈是着緊的東西，就愈容易失去。珍惜所擁有的，

臨別時只能好好擁抱。

BE CONCENTRATE

慾望是令人煩心的隨身物，我們活得辛苦的源頭。

世界有太多誘惑，生活有如每天在考驗定力，卻沒有太多滿足。

想世界只有你和我，其他無關係的事情也會導致我們煩擾。

本來並沒特別念頭，心卻會自動飄來晃去，我們咬緊牙關忍着。原罪。

立即關機

SHUT DOWN IMMEDIATELY

當有負面情緒的時候，立刻把大腦的總掣關掉，即是走去睡覺。

逃避一下沒有錯，身體有自我復原的系統，叫做發夢。

發夢會播放一段畫面或令你投入一些經歷，

微妙地把心的悲傷治好。重新開機。

改變

CHANGE

改變自己的應對心態，便可以改變一件事情的好與壞。

生命有高有低，遇着苦難的時候，嘗試找尋令自己快樂的出路；

錢，小數目啦，努力賺回來！錢，死也不能帶入棺材啦。

失戀，就當作終結才能令更好的來，那麼自己會過得開心些。

領悟才有進步，你還要感謝曾經失去，不，是感謝你自己。（拍手）

運氣

LUCK

幸運是太陽伯伯，有他照着，萬事才能順利進行。

無論你預備得多充足，所有成功，都不能沒有「運氣」這位朋友。

讓陽光把悲傷的細菌殺滅，照耀每人，讓心中的花順利打開。

妒忌

JEALOUS

用jealous之火，燃燒整個galaxy。

這詞語看似是內心的黑暗面，有點連上小器、陰險等負面詞。

其實妒忌沒有錯啊，正面去看，沒有火，怎發奮呢？

妒忌往往是使你上進的推動力，

誓要做得更好去勝過別人，要令人反過來妒忌你。

意志堅定

DETERMINATION

意志堅定，世界總不會讓你永遠失敗。

別讓挫折影響你，說「這樣不可能」前，

有沒有確認氣力已完全花掉？

用你的堅強意志，萬物萬事也會因此而協助你達成。

錢財

MONEY

如果錢能買到快樂，那不妨花一花。

掙錢，不花一花掙來幹嗎？我們不是追求一個數字，而是要幸福。

逝世前把所有錢花掉便完美了！

哭吧

CRY

哭過，才證明你真正愛過。

我竟然還會記得，第一次分手，眼淚都滴濕正在繪畫的畫紙；

躺在籃球場旁那觀眾席上，那個淚流滿面的自己。

沒有哭過，人生是多麼的悶呢。

放生

LET IT GO

釋放心裡悲傷的鴿子，也放過自己。

傷痛過後，有人選擇改變自己，誓要活得比你好，

於是嘗試不同興趣、約會，重生成另一個人。

但願你從汗水中忘記痛楚。放下很痛，拒絕放下，更痛。

忍受

TOLERATE

痛苦的意義，就是為了讓你學會如何不痛苦。

受過太多傷後的領悟：痛苦其實只是暫時看不開。理解到事情不能變，

要變的是自己的心，是時間，時間久了定必能站起來，

練成「你打不死我，只會令我更強壯。」

另外，也學會保護自己，避免下次再有事情傷害到你。

貴人

BENEFACTOR

更好的會來臨，不過首先要好好裝備自己。

每天你也不知會遇着誰，若內心沒有好好整頓，把憂愁掛上面孔，

生命本來要出現的人也會被你的霧霾嚇怕，繞過你而走。

別計較

DON'T BE STINGY

願每人都能坐在關愛座上，每人都享有被關心、被愛護的權利。

在這冷酷的都市，得到愛好像是很奢侈的事。

由自己做起，先對別人多付出愛，世界沒有理由對我仇恨。

時間

TIMING

對的時間，就是一切。

你剛剛有點乾涸，他／她最近非常潮濕，

一切事情，都是取決於時間剛剛好的巧合。

Timing is everything.

大難不死

A NARROW ESCAPE

幸運不是必然，無常才是永恆。

「糟糕！晚了到機場，飛機快起飛了！」
「啊！運氣真好！飛機延遲起飛一小時。」
驚險過後，下次記得別讓糟糕事情再發生。

開工

START TO WORK

流過汗水，才證明你曾充實活過。

每個新年也訂了許多計劃，有沒有達成？

別忘記那一刻的熱血！要等多久才捨得開始？

勵志的電影不妨日播夜播，時刻鼓勵你好好保存那團火！

少勞多得

WORK LESS, MAKE MORE

要掙好多錢，壓力自然變大。

要擁有財富，大量時間也花於工作上，

你還有時間做自己想做的事、與家人在一起、到外地體驗一下不同的人生嗎？

少勞，換取自在，自由。

盡快

AS SOON AS POSSIBLE

時間只有兩種，「現在」或「太遲」。

無論誰，能呼吸都應該要慶賀。有時間、有現在，我們還可去改變未來。

不要悲觀，不要說時間過去了，就說：「機會還沒來啊。」

一期一會

ONCE IN A LIFETIME

苦苦輪迴了無限世雜草和單細胞生物，才修行到今世我們的相遇。

要經過無數次輪迴，人與人才能在此刻相遇。

「一期一會」這詞來自日本茶道，

意思是當下的相聚，是個不能再重來的奇妙時光；

因僅此這次，再沒有下次，所以要好好珍惜相聚時光。

接觸

BODY CONTACT

不需要你解釋或說道理，只需要好好擁抱。
（不錯啊，口水慳返！）

別人要的東西很簡單，不需要你千言萬語，你的觸碰、你的擁抱，
便會把所有僵化了的氣氛緩和。請相信人與人身體接觸的力量。

虛幻

ILLUSIVE

人生如電影，散場了，多精彩的世界也瞬間消失了。

別執着，一切只是劇情，散場前才知道各人下場，

用多一點創意寫好自己的劇本，用盡技能去演好這個角色，

散場，令觀眾嘆為觀止！深入人心，離開才值得。

熱 戀

DEEPLY IN LOVE

「小心那些熱戀中的人，因為他們都是瘋的。」 *

找對了人，每天也很甜蜜，還持續很久。給約三十歲後的朋友：

為免受傷害，身體的自我保護機制就加強了，付出會愈來愈少。

所以，當你還有那罕有的奇妙感覺，好好抱緊它吧。

*摘自電影《十二夜》對白

快樂

HAPPINESS

喜歡搭巴士，因為有時會聽到人說：「我好快落。」

快樂就存在於我們生活之間，視乎你有沒有好好發現。

妥協

COMPROMISE

為了世界和平，兩個人在一起，就是沒辦法做回真正的自己。

二人戰爭，不是雙方也該負點責任嗎？

為何只能有一人承認錯誤，單方面向對方道歉才能平息戰禍？

感謝你們好好捍衛和平，為了和平只能麻木去道歉，

久下來，逐漸扭曲到不似人形。為了生存你還是妥協吧，這個世界就是如此的不公平。

笑中有淚

SMILE AND TEARS

快樂是，在漫長的悲傷電影中，其中一個笑位。

在機械式的城市生活，不為錢奔波暫未能做到。

什麼都說錢，大夢想哪有那麼容易達到，就先達成一些小理想。

起碼容許我在規律的生活中，偶爾不左顧右盼，瘋狂一下。

錯誤

MISTAKE

「有時登上了錯的火車，卻會去到對的地方。」*

當你做了個決定，縱使瞬間即後悔，也別太早放棄。

改變又重新適應的過程會好疲倦。但當你還是想找新的選擇，

找來找去，就會發現，世界上沒有東西是完美的。

*摘自電影《美味情書》對白

家人

FAMILY

若感到事事不如意，那麼該審視自己怎樣對待家人。

經歷過十來歲的反叛期後，人大了，便多了點愛。

少年曾輕視吃每一頓住家飯，長大後就像倒數，

多吃一餐是一餐。遇上什麼人生難題也好，家總是你的避難所。

夢想

DREAM

「我覺得夢想應該係，當你就快停止呼吸嘅時候，
仍然覺得一定要做嘅嘢。」*

祝福你，有遠大目光不是人人做到，但失敗了就謹記反省、改善。

失敗無數次後，可能要更改夢想的設定，

登不上喜瑪拉雅山，改成登上富士山，風景也不錯。

*摘自電影《哪一天我們會飛》對白

放棄

GIVE UP

買過最昂貴的東西，是夢想。浪漫過後，要懂得止蝕離場。

夢想實在很難達到，成功不容易，別人看似很輕易但你就是達不到。

人生有很多可能，跟理想說再見，或者比執着要成功更自在，

走去做別的事情反而會更成功。

別滿足

DON'T BE SATISFIED

「寧做不滿的人類，不做滿足的豬玀。」哲學家彌爾名言。

無知是福？

快樂指數可能相同，但精神上的快樂，比肉體官能上的快樂，更為高質。

追求精神滿足，從追求品格上的質素開始。

別 怕

DON'T BE AFRAID

「不要讓恐懼阻撓你做想做的事。」*

旁人總愛說三道四，花那麼多錢去讀個賺不到錢的課程？

有穩定工作不做搞什麼藝術？你的決定不是為了討好誰，

別人總是只看到表面的你，最重要還是自己安樂，不是你，怎知你心中的快樂？

記得我們只活一次，難得的一次。

*摘自電影《星夢動物園》對白

可 愛

CUTE / BELOVED ONE

**人生就像八爪魚香腸，被割了許多刀後，
才令你變得現在這般可愛。**

每個人也受過傷害，別怕，表面傷痕很快痊癒；而心靈的每個傷害，
都是學習成長的一系列課堂，教你更堅強去面對未來。

忠於自己

BE YOURSELF

忠於自己，就像一個人去旅行，非常寂寞，但非常快樂。

放過自己，遠離平庸。

沒有規定跟每個人也需做朋友，相識，可能只是一個巧合。

都一把年紀了，與其對着豬隊友，我寧願孤身走路。

瑕疵

FLAWS

人生就像茶葉蛋，有裂痕，才會入味。

接受不完美，試想想每個人也完美，世界會變得多麼的悶。

繼續

CARRY ON

**那些得獎電影，獲得一致好評，觀眾讚不絕口，
你就是看到睡着了。**

別活得太複雜。太高的，你就是未有歷練達到。

人生短暫，體會有限，想法千變萬化，達不到不是你的錯，

繼續簡單快樂，幸福也許已經擁有。安樂地生活下去就好了。

留低

STAY

**活到這個年紀就會認為，愛，其實就是：
需要他／她，沒了他／她生活會很不行的意思。**

想想傷心、病痛的時候，孤伶伶一個人面對的寂寞。

兩個人同時喜歡對方的機會率本身不高，老了面皮皺了更難找人陪伴。

孤單一人，生存意欲會漸漸下降。我做人，其實旨在，快要死的時候，

有伴侶在旁，拖住自己的手，就夠了。

責任編輯　　趙寅

書籍設計　　John Ho

書名　　肉肉熊的答案書

作者　　John Ho

出版　　P. PLUS LIMITED

　　　　香港北角英皇道四九九號北角工業大廈二十樓

　　　　20/F., North Point Industrial Building,

　　　　499 King's Road, North Point, Hong Kong

香港發行　　香港聯合書刊物流有限公司

　　　　香港新界大埔汀麗路三十六號三字樓

印刷　　美雅印刷製本有限公司

　　　　香港九龍觀塘榮業街六號四樓 A 室

版次　　二〇一九年七月香港第一版第一次印刷

規格　　32 開（130mm × 175mm）208 面

國際書號　　ISBN 978-962-04-4495-1

P+ Limited